Mis Pasos

La Historia de mi Adopción

Estos son mis pensamientos, recuerdos, sentimientos y experiencias.

Para todas las personas adoptadas en el mundo –
sus historias merecen ser honradas.

Mis Pasos

Por: _____

Mi auto-retrato

¿Qué significa ser adoptad@?

Creo que significa:

_____

_____

_____

_____

_____

_____

_____

El significado de adopción

Mis Sentimientos Sobre Mi Adopción

Conocer a tu nueva familia puede ser emocionante y aterrador al mismo tiempo. Estos son algunos sentimientos que puedes tener sobre conocer a tu nueva familia y ser adoptado: felicidad, tristeza, miedo, emoción, curiosidad, enojo, nervios y preocupación. Está bien sentir todas estas emociones y más. Tu nueva familia también está sintiendo todas estas cosas.

Sentimientos que tengo sobre mi adopción:

_____

_____

_____

Cosas que me hace sentir feliz de mi adopción:

_____

_____

_____

_____

Cosas que me hace sentir triste acerca de mi adopción:

_____

_____

_____

_____

Cosas que me dan miedo acerca de mi adopción:

_____

_____

_____

_____

Cosas que me entusiasman sobre me adopción:

_____

_____

_____

_____

Cosas que me confunden acerca de mi adopción:

_____

_____

_____

_____

Cosas que me preocupan de mi adopción:

_____

_____

_____

_____

Cosas que me enojan de mi adopción:

_____

_____

_____

_____

Cosas que me hace sentir nervios acerca de mi adopción:

_____

_____

_____

_____

Cosas que me dan curiosidad sobre mi adopción:

_____

_____

_____

_____

Cosas que me hace sentir _____ acerca de mi adopción:

_____

_____

_____

_____

Cosas Que Me Hacen Sentir

Feliz

Enojad@

Valiente

Preocupad@

Emocionad@

Aburrid@

Segur@

Asustad@

Orgullos@

Avergonzad@

Especial

Sentimientos Fuertes

A veces nuestros sentimientos pueden sentirse realmente grandes y abrumadores. Si tus grandes sentimientos fueran como una ola, ¿cómo se verían? ¿Qué tan alta sería la ola? ¿Sería la ola de un color o un montón de colores mezclados? Colorea la ola con tus sentimientos grandes y abrumadores.

Estratégias Calmantes

Cuando nos encontramos con grandes olas de emociones, podemos usar estrategias relajantes para ayudar a suavizar la ola. Algunas personas pueden preferir ciertas estrategias para calmarse. ¡Es útil probar muchas actividades diferentes para ver qué estrategia funciona mejor para ti! Usa los espacios a continuación para escribir tus propias estrategias.

Escucha música (tranquila/fuerte, relajante/optimista)	Mécete en un columpio o una hamaca
Dar un paseo	Chupar un dulce duro
Cuélgate boca abajo: recuéstate en el sofá con la cabeza apoyada en el suelo o tócate los pies durante 30 segundos	Practica yoga durante 10 minutos, Elige posturas que te gusten hacer, y siempre incluye la postura "perro cabeza abajo"
Salta: con una cuerda de saltar, en un trampolín	Corre en el lugar o alrededor del patio
Mientras estas sentad@ empuja y jala el sillón de la silla	Sopla burbujas
Mastica algo (chicle, joyas masticables, un juguete diseñado para masticar)	Respiración 7-11 o respiración de oso: 7 segundos de inhalación, 11 segundos de exhalación
Huele algo con aroma a lavanda, limón o jazmín	Lucha de almohadas con tus peluches
Aprieta un juguete como una pelota anti estrés o un animal de peluche blando	Patea una pelota de fútbol a una portería o tira una pelota y lanza canastas
Juega con escarcha	Mécete en una mecedora

En el agua, en las hojas de las palmas o en el paraguas, escribe las estrategias que usas para ayudar a convertir las olas gigantes en agua calmada.

Mis Cosas Favoritas

¡Cuando tu familia supo que podrían adoptarte, querían aprender todo lo que pudieran sobre ti! Querían saber tu color favorito, comida, actividad, deporte, materia favorita en el colegio, lo que quieres hacer cuando crezcas, y así sucesivamente. ¿Qué te gustaría que tu familia supiera de ti?

Cuéntale a tu familia sobre ti:

_____

_____

_____

_____

_____

_____

Yo y mis cosas
favoritas

Estas Son Algunas de Mis Cosas Favoritas

Juegos:_____

Juguetes:_____

Dulces:_____

Amigos:_____

Actividades:_____

Canciones:_____

Colores:_____

Sonidos:_____

Cosas que hacer con mi familia o mis amigos:

_____

_____

Comida:_____

Receta de mi comida favorita:

_____

_____

_____

_____

_____

_____

_____

_____

_____

_____

_____

_____

¡Exploremos!

Colombia es un país grande y hermoso, con mucho que ver y hacer. Cuando tu familia adoptiva vayaa Colombia, quieren aprender todo sobre tu vida en Colombia. ¿Hay lugares a los que quieras llevarlos? ¿Cosas que quieres mostrarles? ¿Comida que quieres que prueben? ¿Gente que quieres que conozcan? Escríbelo para que puedas mostrarles la lista cuando vengan.

1. _____

2. _____

3. _____

4. _____

5. _____

6. _____

7. _____

8. _____

9. _____

10. _____

11. _____

12. _____

13. _____

14. _____

15. _____

¿Qué es la Seguridad?

Es posible que hayas tenido una relación con un adulto la cual no te hayas sentido segur@. Si has tenido esta experiencia, podrás tener dificultad para creer en otros adultos. Tus padres adoptivos harán todo lo posible para ayudarte a sentirte seguro física y emocionalmente.

Los padres ayudan a que los niños estén físicamente seguros creando limites. Brindándote estructura, alimentos y vestuario junto con un hogar estable y un espacio en el que puedes dormir.

Los padres ayudan a que los niños estén emocionalmente seguros con limites sanos, escuchándote, motivándote a que les cuentes que quieres y que necesitas, tratándote con amabilidad y respeto, celebrando tus triunfos, ofreciéndote comodidad cuando estas tristes y enseñándote a que puedas expresarte.

¿Qué te imaginas que pueda ayudarte a sentirte segur@ con tu familia adoptiva?

_____

_____

_____

¿Qué podrían hacer tus padres adoptivos para ayudarte a ganar seguridad?

_____

_____

_____

Heridas Internas

Heridas Externas

Actividad de Curitas

Una manera fácil y divertida de generar confianza con los miembros de tu familia, mientras practicas cómo dar atención y recibir atención de ellos, es jugando una actividad de las curitas. Puedes jugar con tus padres, hermanos y amigos; sólo necesitas un compañero y algunas curitas.

Si estas jugando con un grupo de personas, forma una pareja con la persona que tienes a tu lado. Decide quien será el número uno y quien será el número dos.

El compañero UNO le pregunta al compañero DOS: "¿Puedo por favor ponerte una curita?" Espere la respuesta del compañero DOS. Siempre está bien decir "no" siempre y cuando el participante use palabras respetuosas.

Si dicen, "Sí". El compañero UNO pregunta: "¿Te duele algo por dentro o por fuera?" Espere la respuesta del compañero DOS.

Pídele al compañero DOS que escoja el curita que le gustaría elegir.

El compañero UNO pone un curita en el dolor del compañero DOS mientras hace contacto visual y dice: "Siento mucho que estés herido". El compañero UNO le pregunta al compañero DOS si le gustaría contarle sobre su dolor.

Repita la actividad con los roles intercambiados.

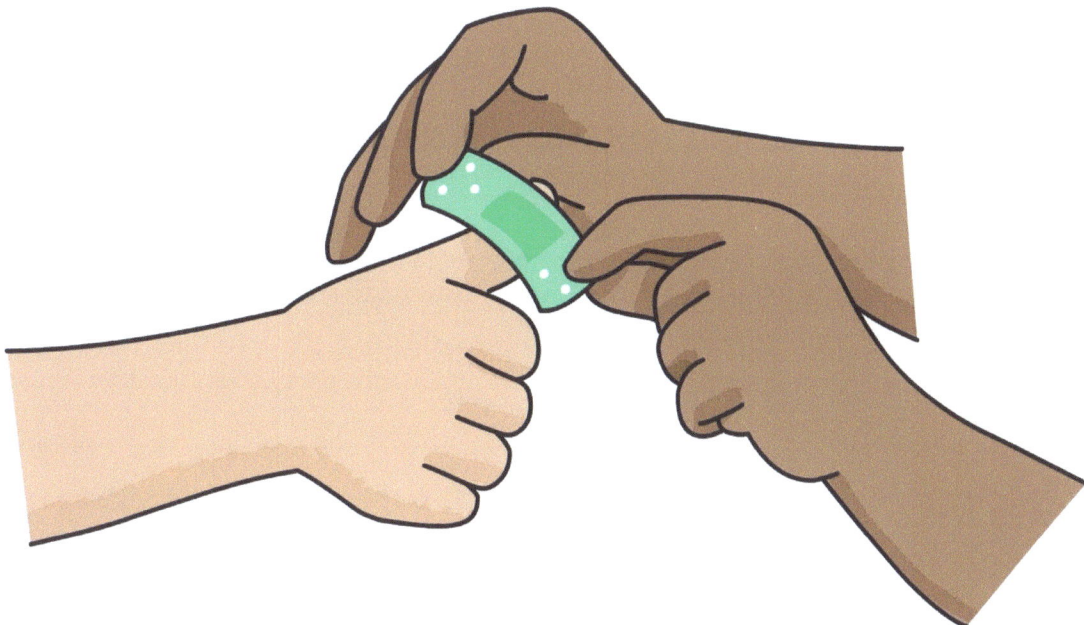

El Amor es Más Que Besos y Abrazos

Ser amado no significa que tus padres te comprarán todo lo que quieres o dirán que si a todo lo que quieres hacer. Tener reglas, consecuencias y decir que NO son aspectos importantes de ser padres que te aman. Éstas son algunas otras maneras como los padres le demuestran a sus hijos que los aman. Los padres demuestran amor cuando: Escuchan a sus hijos, se preocupan cuando sus hijos están tristes, le enseñan reglas y como tener un buen comportamiento a sus hijos, les dicen que hicieron un buen trabajo, los motivan a dar lo mejor de si mismos y se preocupan por ellos. ¿Puedes pensar en alguna otra manera en la que los padres podrán demostrarles a sus hijos amor?

Las cualidades más importantes de una buena mamá son:

_____

_____

Las cualidades más importantes de un buen papá son:

_____

_____

Si yo fuera un padre o una madre, estás son las cosas que me gustaría hacer con mis hijos:

_____

_____

Algunas cosas que me gustaría hacer para ellos son:

_____

_____

Si yo fuera un padre o una madre, estas son las cosas que nunca haría:

_____

_____

Lo más importante para mí de mi nueva familia es:

_____

_____

Algunas Maneras Saludables en Las Que se Puede Dar y Recibir Amor

Los padres demuestran su amor de muchas maneras. Estas son algunas de las maneras como tu familia para siempre podrá demostrarte que cuidan de ti y su amor. Colorea un corazón rojo al lado de las maneas en la que te sientes cómodo recibiendo amor de tu familia adoptiva. Escribe otras maneras en las que quisieras que ellos te demuestren su amor.

Chóquela   Con sonrisas

Pulgar arriba   Bonos de aprecio

Tirando besos   Peinando tu pelo

Lucha libre   Consolándote cuando estas

Dando un abrazo   Motivándote

Tomando tu mano   Ayudando con tus tareas

Ensañándote nuevas cosas   Cocinando tu comida favorita

Arrapándote cuando te vas a dormir en la noche

Jugando   Dando palmaditas en tu espalda

Jugando al aire libre contigo   Elogiándote

Diciéndote que te ama

¿Puedes pensar en algunas otras maneras que te gustaría recibir el amor de tus padres?

_____

_____

_____

_____

Así como hay muchas maneras de que tus padres adoptivos te demuestren su amor, también hay muchas maneras en las que tu puedes demostrarle amor a tu familia adoptiva. ¿Cuáles son las maneras en las que quisieras demostrarles amor y afecto?

Compartiendo recuerdos y experiencias

Dándoles abrazos   Pulgar arriba

Ofreciéndote ayudar en la casa

Utilizando palabras y acciones amables con ellos

Contándoles cómo te sientes   Choca los cinco

Realizando nuevas actividades con ellos

Haciendo cosas para ellos

Jugando con ellos   Tirándoles besos

Tomando sus manos

Diciéndoles que los amas

¿Puedes pensar en alguna otra manera en la que quisieras demostrarle amor y afecto a tu familia adoptiva?

_____

_____

_____

_____

Personas Importantes en Mi Vida

Hay muchas personas importantes en la vida de todos. Diferentes personas pueden ser importantes para ti por muchas razones. Las personas importantes pueden incluir a los padres, otros miembros de la familia, familias de acogida, cuidadores, profesores, trabajadores sociales, amigos y más. Haz una lista de las personas que son importantes para ti.

Mi _____ nombre _____ es importante para mí porque

_____

_____

Mi _____ nombre _____ es importante para mí porque

_____

_____

Mi _____ nombre _____ es importante para mí porque

_____

_____

Mi _____ nombre _____ es importante para mí porque

_____

_____

Mi _____ nombre _____ es importante para mí porque

_____

_____

Mi _____ nombre _____ es importante para mí porque

_____

_____

**Estas son las personas
que son especiales para
mí y las llevo en mi corazón.**

Mi Familia Biológica

El nombre de mi madre biológica es:

_____

Cosas que recuerdo de mi madre biológica:

_____

_____

_____

_____

_____

_____

Aquí hay un dibujo que hice de mi madre biológica

El nombre de mi padre biológico es:

_____

Cosas que recuerdo de mi padre biológico:

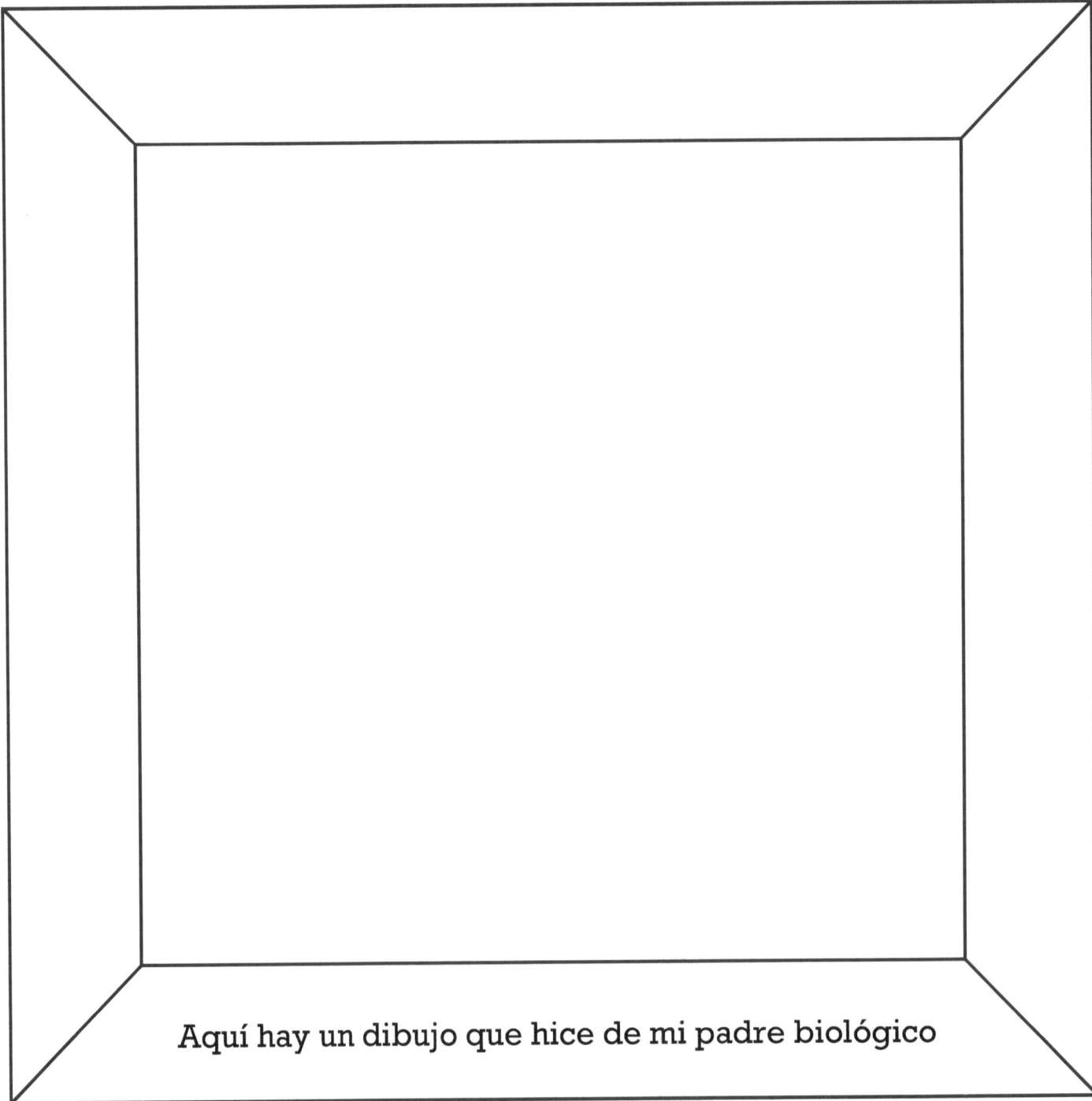

_____

_____

_____

_____

_____

Aquí hay un dibujo que hice de mi padre biológico

Otros miembros de mi familia biológica son:

_____

_____

Cosas que recuerdo de ellos:

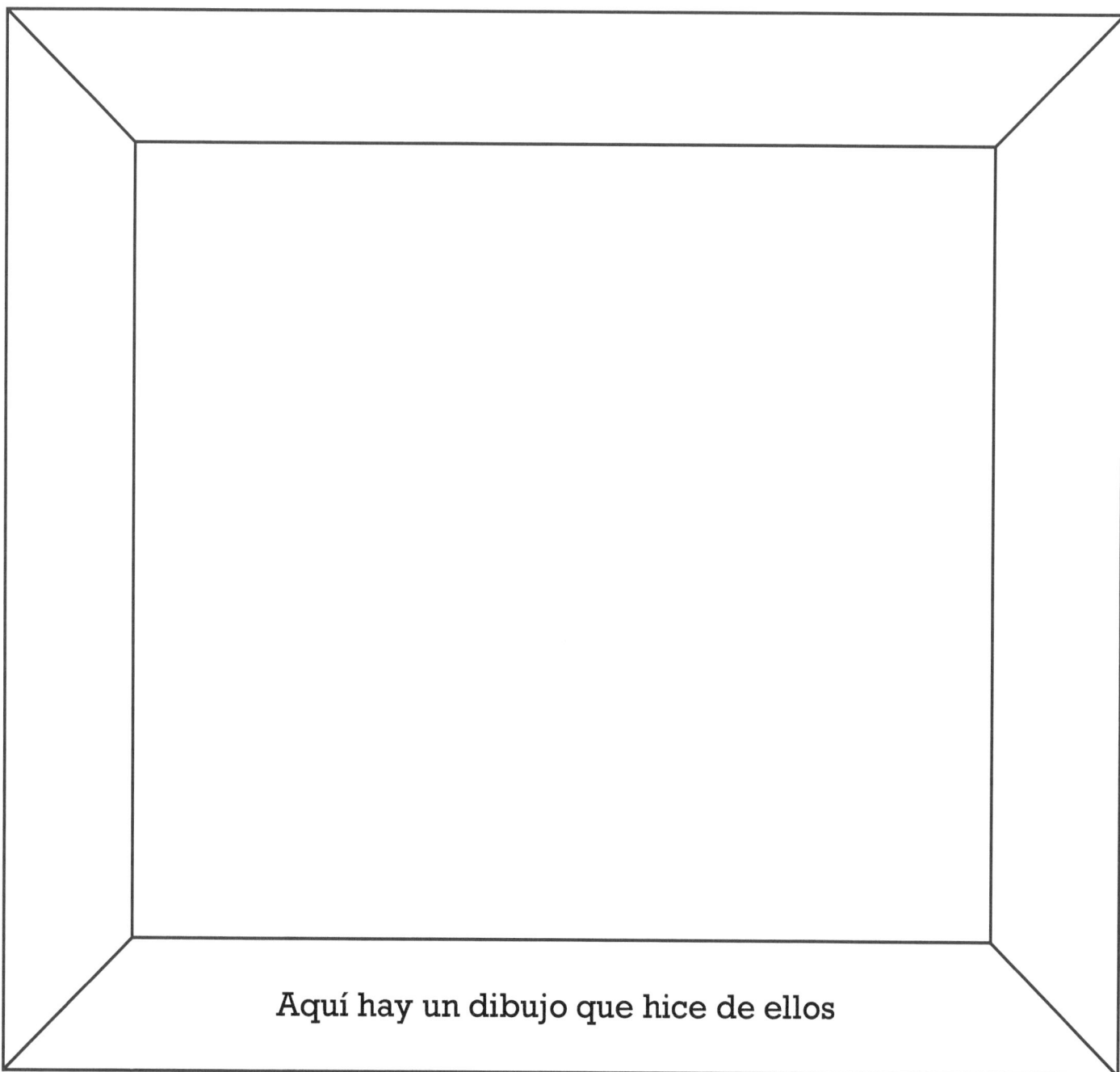

_____

_____

_____

_____

_____

_____

Aquí hay un dibujo que hice de ellos

Mis Cuidadores

Has tenido mucha gente en tu vida que te ha cuidado. La familia de nacimiento son aquellas personas con las que estás relacionado, pero no siempre son las personas que te cuidan. Los miembros de la familia extensas, abuelos, tíos, tías, primos o primas. Algunos pueden estar relacionados biológicamente, otros pueden ser las personas que te cuidan o han cuidado. Piensa en esas personas que consideras familia y enuméralas a continuación.

Yo y mis cuidadores:

_____

_____

Otras personas con las que he vivido:

_____

_____

Algunas cosas que me gustaban de mis cuidadores:

_____

_____

Algunas cosas que no me gustaban de mis cuidadores:

_____

_____

Los lugares donde viví:

_____

_____

Algunas cosas cercanas:

_____

_____

Cosas que extraño de vivir aquí:

_____

_____

_____

Mi Familia Sustituta

Yo y mi familia sustituta

Mi familia sustituta incluye:

_____

_____

Algunas cosas que me gustaban son:

_____

_____

Algunas cosas que no me gustaban son:

_____

_____

La casa en la que vivíamos era:

_____

_____

Algunas cosas cercanas eran:

_____

_____

Que echo de menos:

_____

_____

_____

Otros Lugares en Los Que He Vivido

¿Has vivido en otros lugares que no sea con tu familia biológica o una familia sustituta? ¿Recuerdas cómo era, cómo olía, otras personas que también vivían allí?

Estos son otros lugares en los que he vivido y lo que recuerdo de vivir allí:

_____

_____

_____

_____

_____

Lugares en los que he vivido

Recuerdos Especiales

¿Ha estado alguna vez de viaje o de vacaciones? ¿Adónde fuiste? ¿Qué te gustó de eso?

_____

_____

_____

¿Qué festividades te gusta celebrar? ¿Qué haces para celebrarlas?

_____

_____

_____

¿Qué te hace reír?

_____

_____

_____

¿Qué te gusta hacer? ¿Por qué te gusta hacerlo?

_____

_____

_____

¿Qué es lo que más te gusta de ti?

_____

_____

_____

Si tuvieras tres deseos, ¿Cuáles serían?

_____

_____

_____

Recuerdos de tu Colegio
Estoy en el grado _____ del colegio

Amigos especiales	**Cosas que me gusta hacer en el colegio:**
Mi materia favorite en el colegio es:	**Mi profesor es:**

Lo que mis maestros dicen de mí:

Lo que mis amigos dicen de mí:

Mis Pensamientos y Sentimientos

Puede que tengas muchos sentimientos diferentes sobre la adopción. A veces ayuda escribir nuestros pensamientos y sentimientos.

A veces pienso en lo siguiente:

_____

_____

_____

_____

_____

_____

_____

_____

_____

_____

_____

_____

_____

_____

_____

_____

_____

_____

_____

_____

_____

_____

Pensamientos de Otros

En Colombia hay muchas personas que se preocupan por ti, incluyendo tu familia sustituta, cuidadores, amigos, profesores y más. Estas páginas son para que esas personas escriban sus pensamientos y recuerdos sobre ti y sus deseos para ti en el futuro.

_____

_____

_____

_____

_____

_____

_____

_____

_____

_____

_____

_____

_____

_____

_____

_____

_____

_____

_____

_____

_____

_____

Más Pensamientos de Otros

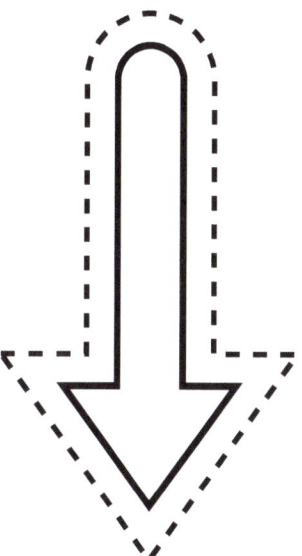

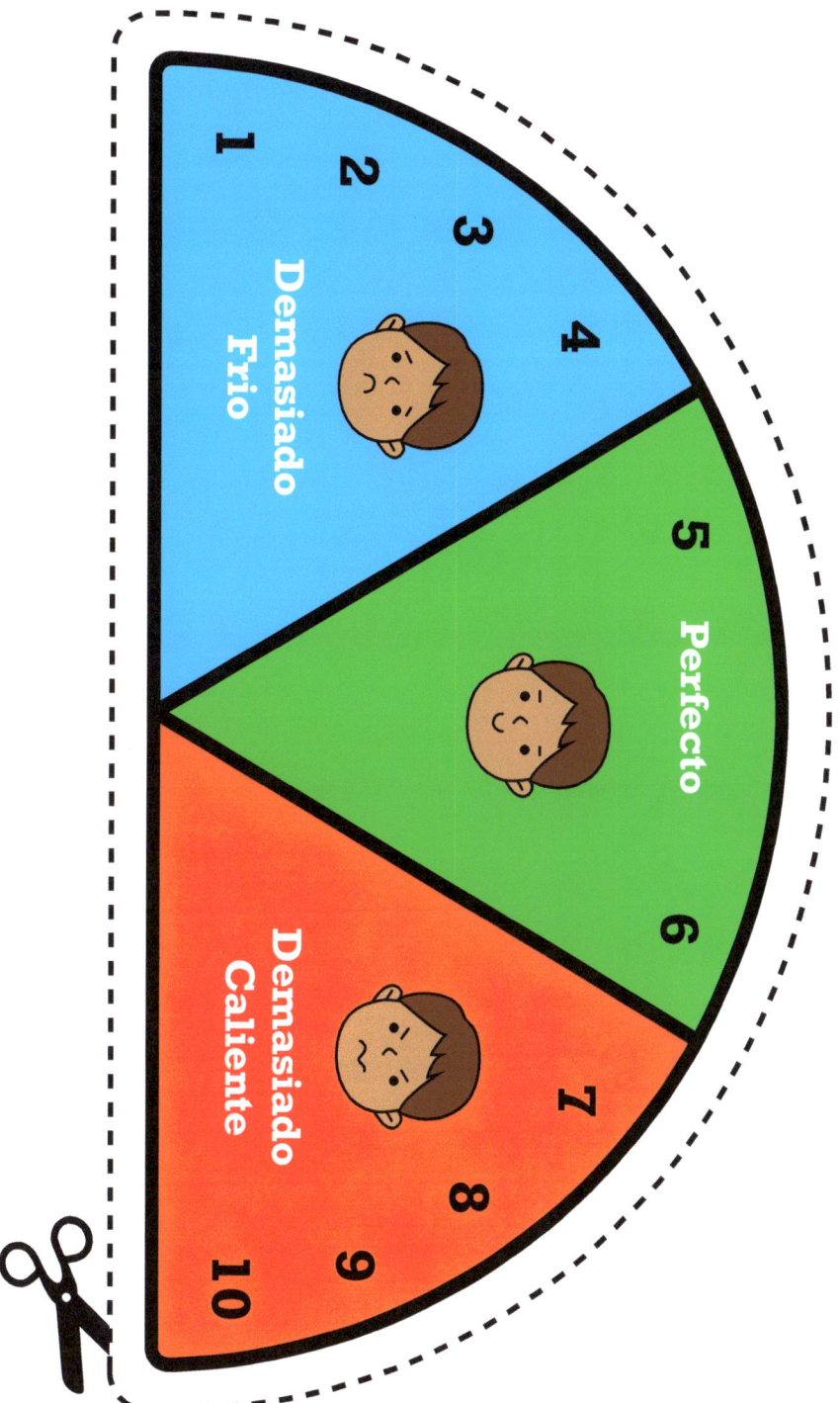

1
2
3
4

Demasiado Frio

5

Perfecto

6

7

Demasiado Caliente

8
9
10

Mi Motor

www.ingramcontent.com/pod-product-compliance
Lightning Source LLC
Chambersburg PA
CBHW040033050426
42453CB00003B/102